Die Sonne lacht, jetzt wird es heiß
im Sommer gibt's mein Lieblingseis
Die Äpfel wachsen auf den Bäumen
knackig wie in kühnsten Träumen
In der Wiese wuseln fein
lauter kleine Käferlein.
Hoch in der Luft, welch ein Ding
dreht Spiralen Herr Schmetterling
Doch was kommt da, kann es sein?
Im Fesselballon Siglinde Schwein!
Am Ufer vom großen Wiesenteich
das Fischerlein, es fischt sogleich
Und Nachts am hellen Lagerfeuer
Erzähl`n wir unsere Abenteuer!

Viel Spass im Sommerland!

Sandy & Ralfi

Vielseidig Verlag

Material & Tipps

Farben

Window Color wird inzwischen von vielen Firmen angeboten. Wir haben uns bei der Farbauswahl nicht auf eine bestimmte festgelegt, sondern je nach Geschmack auch mal verschiedene miteinander kombiniert.

Folien

Spezial- oder Malfolie: Diese wird am häufigsten verwendet. Das Motiv wird nach dem Trocknen abgezogen. Die Folie kann erneut benutzt werden.

Haftfolie: Bei dieser Folie wird das Motiv nach dem Trocknen ausgeschnitten und ans Fenster gehaftet. Häufig verwendet bei filigranen Bildern ist sie auch leichter abziehbar und stabilisiert die Farbe.

Mobile- oder Windradfolie: Auch hier wird das Motiv ausgeschnitten und ist nicht wieder abziehbar! Es gibt verschiedene Stärken und Größen. Verwendung findet man bei Mobiles, Laternen, Karten etc.

Tipp: Wenn Sie Mobile- oder Haftfolie verwenden wollen, können Sie trotzdem das Motiv erst auf Malfolie auftragen und nach dem Trocknen auf die gewünschte Folie auflegen.

Hologrammflitter

Solange die Farbe frisch ist, können nach Bedarf Hologrammflitter, oder auch Naturmaterialien eingestreut werden.

So geht's

1. Legen Sie Ihre Motivvorlage unter die Folie. Diese mit einigen Streifen Klebeband fixieren, damit die Vorlage nicht verrutschen kann.

2. Nun die Konturfarbe auftragen. Halten Sie die Flasche knapp über die Folie und lassen die Kontur mit gleichmäßigem Druck herauslaufen. Der Strich muß geschlossen und darf nicht zu dünn sein. Das Bild kann sonst beim Abziehen leichter einreißen.

3. Nach dem Trocknen der Kontur (ca. 3 Std.) füllen Sie die einzelnen Felder mit Farbe aus. Diese sollte reichlich aufgetragen und bis an den Rand gemalt werden. Kleine Blasen zerstechen Sie mit einem Zahnstocher. Flimmer und Transparentkügelchen werden in die feuchte Farbe eingestreut. Nach einer Trockenzeit von 24 Std. kann das Bild von der Folie gezogen werden.

Im Land der Pilze

Im Land der Pilze schießen die Pilze wie Häuser aus dem Boden. Es gibt sie in allen Geschmacksrichtungen, denn hier wächst kein Obst oder Gemüse. Pilz mit Himbeergeschmack?

Kontur: Schwarz, Grün & Weiß

Farben: Weiß, Gelb, Dunkelrot, Maigrün, Orange, Hellgrün, Tanne, Hellbraun, Mittelbraun, Grau, Schwarz

Material: Haftfolie, Hologrammflimmer

Mein Luftballon

Mein Freund ist heute hier
Mein Freund fliegt ständig über mir
Mein Freund hat ein lustiges Gesicht
Mein Freund leider niemals spricht
Mein Freund Ihr wisst es schon
Mein Freund das ist ein Luftballon!

Kontur: Schwarz

Farben: Weiß, Haut, Gelb, Orange, Pink, Lavendel, Violett, Rot, Maigrün, Türkis, Hellgrün, Azur, Grau, Schwarz

Material: Haftfolie, Lederband, Heißkleber, Hologrammflimmer

Verbinden Sie den Luftballon und das Mädchen mit dem Lederband. Befestigen Sie beide Enden mit Heißkleber an der Haftfolie.

Der Froschprinz

Der Froschprinz wohnt am Königssee
geschmolzen ist der letzte Schnee
Erfreut springt er von Blatt zu Blatt
das Hüpfen hat er niemals satt
Auf dem Kopf sitzt eine Krone
wie der Vater, so der Sohne!

Der Froschprinz

Kontur: Schwarz

Farben: Weiß, Gelb, Orange, Pink, Lavendel, Violett, Maigrün, Hellgrün, Türkis, Glitzergold

Material: Haftfolie, Hologrammflimmer

Emetz

Sie sind fleißig, immer auf Trab
Ameisen machen niemals schlapp
Es gibt immer was zu tun
Keine Zeit sich auszuruhn.
Hältst Du Dein Ohr an ihren Haufen
hörst Du sie gar mächtig schnaufen!

Kontur: Schwarz

Farben: Weiß, Maigrün, Hellgrün, Tanne, Ocker, Mittelbraun, Hellbraun, Pink, Schwarz

Material: Haftfolie, Hologrammflimmer

11

KleineKäferKönnenKeine KirschkerneKnacken!

Sommer, Sonne, Käferlein: Jetzt krabbelts wieder an allen Ecken. Käfer in allen erdenklichen Farben und Formen verlassen ihre Verstecke und bevölkern Wald und Flur.

Kontur: Schwarz

Farben: Weiß, Haut, Zitrone, Gelb, Rot, Pink, Violett, Maigrün,
            Tanne, Türkis, Grau, Mittelbraun, Royalblau, Schwarz

Material: Haftfolie, Hologrammflimmer

Ein kleiner Fischer

Nur wer kein Morgenmuffel ist hat das Zeug zum großen Fischer. Geduldig steht der kleine Mann auf seinem Pfahl und wartet auf den großen Augenblick. Na dann, Gut Fang!!!

Kontur: Schwarz

Farben: Weiß, Haut, Pink, Gelb, Dunkelrot, Hellblau, Royalblau, Türkis, Maigrün, Lavendel, Tannengrün, Grau, Ocker, Hellbraun, Mittelbraun, Schwarz

Material: Haftfolie, kleine Holzstücke, Lederbänder, Heißkleber

Einen witzigen Effekt können Sie hier erzielen, indem Sie draußen kleine Holzstücke sammeln und in die frische braune Farbe des Pfahls einstreuen. Den Fisch und die Angelrute verbinden Sie mit dem Lederband. Befestigen Sie beide Enden mit Heißkleber an der Haftfolie.

Landleben

Mit dem Sommer erwacht auch wieder das Leben auf dem Land. In den Bäumen und auf der Wiese beginnt es zu krabbeln, zu wuseln und zu flattern. Und endlich gibt's wieder frisches Obst!

Kontur: Schwarz

Farben: Weiß, Haut, Zitrone, Gelb, Orange, Rot, Arktis, Royalblau, Maigrün, Hellgrün, Lavendel, Mittelbraun, Grau, Ocker

Material: Haftfolie, Hologrammflimmer

Ein Schweinchen geht in die Luft

Über den Wolken... so dachte sich Siglinde Schwein.

Flugs bestieg sie einen Fesselballon und war bald nur noch als kleiner Punkt am Himmel zu erkennen!

Kontur: Schwarz, Flittergold

Farben: Weiß, Haut, Rosé, Orange, Rot, Pink, Hell- & Mittelbraun, Maigrün, Türkis

Material: Mobilefolie 0,4mm, 3 verschieden farbige Lederbänder, Rote Filzplatte, Hologrammflimmer, Heißkleber

Verbinden Sie den Ballon und den Korb mit den Lederbändchen. An beiden Enden mit Heißkleber befestigen. Aus dem Filz kleine Streifen schneiden und mit kleinen Stückchen Lederband zusammenfassen. Mit Heißkleber die Enden an die Mobilefolie kleben.

Vogelhausen

Hier im „Wohngebiet" von Vogelhausen gibt es verschiedene Stilrichtungen und Bauarten zu bewundern. Farbenfroh und bunt, zu meckern gibt es keinen Grund.

Kontur: Schwarz

Farben: Weiß, Gelb, Orange, Dunkelrot, Pink, Maigrün, Hellgrün, Lavendel, Violett, Türkis, Royalblau, Mittelbraun

Material: Haftfolie, Hologrammflimmer, Draht, Paketschnur, Heißkleber

Mittleres Vogelhaus:

Knoten Sie ein Stück Paketschnur zu einer kleinen Kugel zusammen, bemalen diese mit etwas Window-Color und drahten sie an. Den etwas gedrehten Draht mit Heißkleber an der Haftfolie befestigen.

Wer lupst denn da heraus?

Seit der „weiße Teppich" aus dem Garten verschwunden ist, gibt es wieder alles Mögliche zu erforschen. Wo ist denn der kleine Lupo wieder? Ts ts ts, wie man in den Korb hineinspringt so schaut man heraus, hi, hi!

Kontur: Schwarz

Farben: Weiß, Gelb, Rot, Hellgrün, Maigrün, Tannengrün, Ocker, Hellbraun, Mittelbraun

Material: Haftfolie, Hologrammflimmer

Der kleine

Wer hat sich nicht schon immer gewünscht so richtig zaubern zu können? Die Hausaufgaben wären im Nu erledigt! Heute bleibe ich mal unsichtbar. Morgen frühstücke ich in Afrika! Nachts scheint die Sonne und mein Eis wird niemals weniger!

Zaubermeister

Kontur:	Schwarz
Farben:	Weiß, Gelb, Haut, Türkis, Royalblau, Lavendel, Arktis, Violett, Pink, Schwarz, Grau
Material:	Haftfolie, Hologrammflimmer, Sternchen

Herr Schmetterling

Am Himmel fliegt ein buntes Ding
ich glaub es ist Herr Schmetterling.
Übermütig zieht er Kreise
dreht ne Spirale um Frau Meise.
Diese nimmt es Ihm nicht krumm
fliegt dafür mal um Ihn herum.

Kontur: Schwarz & Flittergold

Farben: Weiß, Haut, Zitron, Gelb, Pink, Rot, Lavendel, Violett, Maigrün, Hellgrün, Türkis, Mittelbraun, Schwarz

Material: Mobilefolie 0,4mm, 2 Lederbänder, 4 gelbe Holzperlen, Heißkleber, Hologrammflimmer

Schmetterling auf Mobilefolie malen. Oben und unten in die Flügel Löcher stanzen. Lederbänder durchziehen und mit Perlen befestigen. Unten an die Lederbänder Sterne mit Heißleim aufkleben.

Eiszeit

Es ist Sommer und es ist heiß
jeder möchte jetzt ein Eis
Vanille, Himbeer und Zitrone
Schoko, Nuss oder Limone
Als Eiskugel hat man viel Spaß
Rund und Bunt
im klitzekleinen Kindermund

Kontur: Weiß & Schwarz

Farben: Weiß, Zitrone, Gelb, Pink, Türkis, Maigrün, Rot, Violett, Arktis, Ocker, Hellbraun

Material: Haftfolie, Hologrammflimmer

Am Lagerfeuer

Was gibt es Schöneres als nachts am Lagerfeuer zu sitzen und sich die wildesten Abenteuergeschichten zu erzählen. Fabian Fuchs, Eddie Eule & Müffel das Stinktier würden auf jedenfall nix anderes mehr tun!

Kontur: Schwarz

Farben: Weiß, Zitrone, Gelb, Orange, Rot, Terracotta, Mittelbraun, Ocker, Maigrün, Hellgrün, Rosé, Grau, Ultramarinblau, Schwarz

Material: Haftfolie, Hologrammflimmer

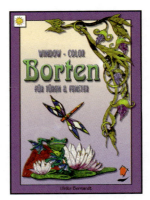

Magie der Farben
*Zaubern Sie Elfen & Drachen
aus Window-Color*
Susanne Scholz
ISBN 3-930529-92-0
Best.Nr. 29920

Window-Color Borten
für Türen und Fenster
Ulrike Bernardt
ISBN 3-930529-91-2
Best.Nr. 29912

Laubanger 19b 96052 Bamberg   **Vielseidig Verlag** GmbH   Tel. 0951/ 6 89 97
Fax. 0951/ 60 32 99